VENCENDO A ANSIEDADE

TÉCNICAS SIMPLES
PARA SUPERAR A
ANSIEDADE E ESTRESSE

Sumário

Sobre o Autor

AVANTE EDITORIAL é um empreendedor residente no BRASIL, que adora compartilhar conhecimento e ajudar outras pessoas no tópico referente a CUIDADOS COM A SAÚDE.

AVANTE EDITORIAL é uma empresa dedicada, que sempre se esforça ao máximo para ir além. Palavras De Sabedoria de AVANTE EDITORIAL:

"Eu acredito que não há segredos para se tornar bem-sucedido na vida. E eu realmente acredito que o resultado do verdadeiro sucesso na vida é proveniente do trabalho duro, da preparação e, o mais importante de tudo, do aprendizado através das falhas."

Introdução

Você, sem dúvida, já se sentiu ansioso em algum momento. Você reconhece os sintomas - sentimentos de preocupação, apreensão ou pavor. Seu coração começa a bater mais rápido e você começa a suar. Talvez você tenha se sentido ansioso diante de um grande teste que está chegando, ou diante de uma entrevista.

Esses tipos de sentimentos são absolutamente normais. Todo mundo já teve ansiedade em algum momento. É a reação normal do seu corpo a uma situação estressante e pode ser útil para motivá-lo a fazer as coisas.

No entanto, quando você se sente ansioso o tempo todo, e desencadeado sem causa / razão específica, e começa a interferir na sua vida, é hora de fazer algo a respeito. Caso contrário, a ansiedade pode se tornar tão ruim que chegue a ponto de você evitar situações e se isolar, o que pode levar à depressão.

De acordo com o Manual de Diagnóstico e Estatística de Transtornos Psiquiátricos, os transtornos de ansiedade caracterizam um grande número de transtornos em que a ansiedade anormal ou inadequada é a principal questão.

De fato, estima-se que os distúrbios de ansiedade afetem 40 milhões de adultos nos Estados Unidos, tornando-a como a doença mental mais comum.

Felizmente, os transtornos de ansiedade podem ser tratados, mas o primeiro passo é reconhecer os sintomas e depois procurar tratamento.

Neste relatório, os transtornos de ansiedade clínica serão descritos no início, mas o foco é a ansiedade num geral para quem sofre com seus efeitos. Portanto, não importa a gravidade da ansiedade que você está tendo, este livro lhe dará maneiras práticas de lidar com isso para reduzir os efeitos sobre você.

VENCENDO A ANSIEDADE

CAPÍTULO 01

COMO VOCÊ SABE SE TEM TODOS OS DIAS ANSIEDADE REGULAR OU SE É ALGO ALÉM?

É útil saber se você está sofrendo com a ansiedade diária comum que muitas pessoas também sofrem, ou se é um transtorno de ansiedade completo. Uma ansiedade mais séria pode exigir medicamentos e terapia cognitivo-comportamental, por exemplo, mas todos os tipos de ansiedade também podem ser tratados de formas naturais. Nos próximos capítulos, as opções de tratamento serão discutidas.

Aqui estão alguns exemplos que contrastam a gravidade da ansiedade que você pode sentir:

Ansiedade regular	Transtorno de ansiedade
Você está nervoso ou desconfortável quando está em um grande grupo de pessoas que você não conhece, mas você ainda pode socializar.	Você evita sair em público ou estar em situações sociais, por medo do que pode acontecer quando você está fora.
Você está nervoso em falar em público na frente de um grupo de pessoas ou de seus colegas.	Você sofre ataques de pânico ao pensar em falar em público ou ficar na frente de um grupo de pessoas que você não conhece. Você está preocupado com futuros ataques de pânico, resultando em um isolamento ainda maior.
Você está preocupado em pegar um resfriado ou gripe, então você toma as devidas precauções para prevenção, como quantidades excessivas de lavagem das mãos.	Você está obcecado com a limpeza e os germes que esfrega as mãos até que estejam sangrando. Você deve realizar ações repetitivas para se certificar de que você se livrou de todos os germes da sala, caso contrário a ansiedade piora.
Você tem um respeito saudável por situações ou coisas que podem ser perigosas (ex. Cobras venenosas, alturas, etc), mas você não deixa a ansiedade e o medo impedi-lo de viver sua vida.	Você tem medo de situações ou coisas que provavelmente não afetarão você, mas você as evita da mesma forma. Por exemplo, mesmo que voar tenha um histórico mais seguro do que dirigir na estrada, você evita voar a todo custo.

Estes são apenas alguns exemplos que ilustram as diferenças entre a ansiedade regular e um transtorno de ansiedade.

No próximo capítulo, mais informações serão fornecidas sobre os tipos de transtornos de ansiedade existentes

VENCENDO A ANSIEDADE

CAPÍTULO 02

QUE TIPOS DE TRANSTORNOS DE ANSIEDADE EXISTEM?

Os profissionais de saúde que atuam com saúde mental utilizam o Manual de Diagnóstico e Estatística de Transtornos Psiquiátricos, que fornece critérios e diagnósticos para todas as doenças mentais.

Em particular, esta versão mais recente dividiu a ampla categoria de Transtornos de Ansiedade nos seguintes grupos específicos descritos abaixo:

1. **Transtornos de Ansiedade**

Isso inclui, mas não se limita a Fobia Específica, Transtorno de Ansiedade Social (Fobia Social), Transtorno de Pânico, Agorafobia e Transtorno de Ansiedade Generalizada.

2. **Transtornos Obsessivo Compulsivos (TOC) e equivalentes**

O Transtorno Obsessivo-Compulsivo (TOC) é um transtorno que se enquadra nessa categoria.

3. **Trauma e Transtornos Relacionados ao Estresse**

O Transtorno de Estresse Pós-Traumático (TEPT) está nesta categoria.
Não importa como você categorize em seus pequenos grupos, todos eles estão interconectados onde a ansiedade está envolvida.

Para os propósitos deste livro, discutiremos os seguintes distúrbios específicos mencionados brevemente acima:

1. **Transtorno De Pânico**

Estimado para afetar 3,5% da população, o transtorno do pânico é caracterizado por ataques de pânico recorrentes que ocorrem inesperadamente e são imprevisíveis.

Ataques de pânico são acompanhados por sinais e sintomas físicos, como aumento da frequência cardíaca, falta de ar, tonturas, fraqueza, náuseas, asfixia, dor no peito, dificuldade em respirar e sudorese. Além disso, há a sensação de perder o controle ou morrer.

Você pode pensar que está tendo um ataque cardíaco, mas após exame médico não determina ansiedade ou qualquer outra condição física.

Eventualmente, esse medo de ter um ataque de pânico pode levar ao isolamento social em algumas pessoas, ou a incapacidade de atuar em público sozinho.

2. **Fobias Específicas**

Pessoas com fobias específicas podem ter medo de alturas, elevadores, voar, dirigir na estrada, cobras ou outros animais.

Você percebe que seu medo é irracional, mas fará qualquer coisa para evitar a situação, o animal ou o lugar. Só de pensar nisso pode provocar ansiedade intensa.

3. Fobia Social (Transtorno de Ansiedade Social)

Estimada para afetar aproximadamente 15 milhões de americanos, a fobia social resulta em medo esmagador e ansiedade de ser humilhado ou envergonhado na frente dos outros.

4. Agorafobia

Este é um transtorno de ansiedade onde você evita lugares públicos e, como você tem medo, se sente incapaz de escapar deles, em caso de um ataque de pânico. Exemplos incluem evitar ir ao shopping ou andar de transporte público. Isso pode resultar em isolamento social. Nem todos que sofrem de agorafobia já tiveram, em algum momento de sua vida, alguma crise de pânico.

5. Distúrbio de ansiedade generalizada

Quando você se preocupa com preocupações cotidianas, como questões financeiras, sua saúde, família, amigos, seu trabalho e muito mais, você pode estar sofrendo de transtorno de ansiedade generalizada. Envolve preocupação que é desproporcional às situações, e há pouca necessidade de se preocupar com elas.

6. Transtorno Obsessivo-Compulsivo

Existem duas partes no transtorno obsessivo-compulsivo:

1. Obsessões –

A primeira parte são as obsessões, que são pensamentos e ideias que causam ansiedade. É como ter um pensamento provocador de ansiedade que se repete em sua mente repetidamente.

Que tipos de obsessões existem?

Existem vários tipos diferentes. Alguns exemplos incluem se preocupar com germes, limpeza, pensamentos sobre autoagressão ou prejudicar os outros, ou obsessões relacionadas a números ou perfeccionismo.

2. Compulsões –

A segunda parte do transtorno obsessivo compulsivo são as compulsões. Compulsões são comportamentos repetitivos que você executa ou pensa a fim de aliviar o desconforto causado pelas obsessões. Compulsões fornecem apenas alívio temporário das obsessões.

Em todos os casos, a pessoa com transtorno obsessivo-compulsivo não quer ter esses pensamentos e comportamentos, mas não pode controlá-los.

Como você pode imaginar, obsessões e compulsões podem se tornar muito demoradas e, desse modo, interferir na sua vida e no seu dia-a-dia.

Aqui estão três exemplos específicos de como os transtornos obsessivo compulsivos podem interferir e atrapalhar sua vida:

• Você pode se preocupar que você vai queimar a casa. Portanto, todos os dias antes de sair para o trabalho, você deve verificar e verificar novamente o fogão para certificar-se de que você desligou todos as bocas. Você pode ter que verificá-las até sessenta vezes antes de poder sair. Isso resulta em atraso no trabalho e o coloca em risco de perder seu emprego;

• Você pode estar preocupado em se contaminar com germes. Portanto, você gasta horas esfregando as mãos até sangrar tentando se livrar dos germes;

• Você pode ter uma preocupação em contar cada rachadura na calçada enquanto caminha até o supermercado. Se você estragar os números, você tem que reiniciar sua caminhada e sua contagem.

7. Transtorno de Estresse Pós-Traumático (TEPT)

Os sintomas do Transtorno de Estresse PósTraumático, são conhecidos há anos (definitivamente desde a Primeira Guerra Mundial). No entanto, nos últimos anos, com veteranos voltando para casa da guerra, tornou-se muito comum. Deve-se notar, porém, que o TEPT não afeta apenas os veteranos de guerra, mas pode resultar em qualquer pessoa que enfrente um grande fator de estresse fora da esfera da existência normal. Isso inclui policiais, médicos, físicos, paramédicos, bem como pessoas comuns e crianças.

Em outras palavras, o TEPT emerge quando você experimenta um grande estresse que ameaça sua vida, a vida daqueles que o cercam, sua casa ou propriedade. Esta ameaça pode ou não ter resultado em morte ou violação sexual. Você foi submetido ao evento, testemunhou ou esteve muito próximo do indivíduo afetado.

O estresse relacionado ao lidar com um chefe difícil não pode ser classificado como TEPT. No entanto, se você fosse testemunha de um tiroteio que ocorreu na rua, enquanto você estava esperando no seu ponto de ônibus, poderia resultar no transtorno.

Quando você começa a repetir os detalhes desse evento através de sua mente repetidamente, e revive os sentimentos desse evento como se estivesse lá, você pode estar sofrendo de TEPT. Os sintomas também são acompanhados por deficiências no funcionamento social e ocupacional.

Também pode haver vários outros sintomas, incluindo flashbacks, evitar pessoas ou locais que possam desencadear lembranças do evento, explosões de raiva, distúrbios do sono, como pesadelos e diminuição da concentração.

Crianças também podem exibir os eventos angustiantes através de brincadeiras repetitivas.

VENCENDO A ANSIEDADE

CAPÍTULO 03

QUAL É A DIFERENÇA ENTRE ESTRESSE E ANSIEDADE?

Estresse e ansiedade são duas situações que muitas vezes podem ser confundidas entre si. Embora ambos possam se sobrepor ao compartilharem alguns dos mesmos sintomas (aumento do pulso, respiração mais rápida), eles **não** são exatamente a mesma coisa. Mesmo que frequentemente usemos esses termos como sinônimos, é importante diferenciá-los

Aqui estão as diferenças entre estresse e ansiedade:

O estresse é definido como um sentimento de tensão emocional ou física. O estresse está ligado a eventos ou pensamentos que causam sentimento de frustração. **A ansiedade**, por outro lado, pode não ter uma causa definida e está ligada a sentimentos de preocupação, desconforto e medo. O estresse e a ansiedade podem ter manifestações físicas semelhantes, mas são classificados como **sentimentos** separados.

Então, o estresse geralmente é focado em algo externo, como um exame, tráfego, pressão no trabalho e assim por diante. A ansiedade também pode ser desencadeada por algo externo, mas o problema está mais relacionado à reação do que à situação. Em outras palavras, a ansiedade é mais uma reação ao estresse.

O estresse também é mais concreto, como você pode normalmente identificar que situações estão causando estresse, enquanto a ansiedade pode vir como um sentimento geral de preocupação.

O estresse tem suas raízes na **frustração**, enquanto a **ansiedade** está enraizada no **medo**. Por exemplo, você pode se sentir estressado por ter muito trabalho a fazer em um tempo muito curto. Você também pode sentir ansiedade relacionada à situação, mas essa ansiedade estará mais ligada a pensamentos de como você pode falhar ou a outros medos, em vez da situação em si.

Uma diferença fundamental entre estresse e ansiedade é que a ansiedade tende a ser acompanhada por sentimentos de desamparo. Por outro lado, quando você está estressado, você geralmente sabe como atacar a situação que está causando o estresse. Por exemplo, se você está estressado porque tem muitas coisas para fazer em pouco tempo, pode reduzir esse estresse criando uma lista de prioridades e resolvendo-as uma de cada vez. Em pequenas quantidades, o estresse até dá um impulso, mantendo você alerta e focado no problema. No entanto, o estresse prolongado não é bom para o seu corpo.

Como as **causas da ansiedade não são tão claramente definidas**, pode ser mais difícil encontrar uma maneira de lidar com isso. Muitas vezes, a ansiedade é muito geral, então você pode se sentir desamparado, porque não sabe como lidar com a ansiedade ou qual situação resolver. Isso é diferente do estresse porque a ansiedade tem uma causa menos óbvia, induzindo, assim, uma sensação de impotência em vez de motivação para corrigir e lidar com a situação.

VENCENDO A ANSIEDADE

CAPÍTULO 04

COMO O SEU PENSAMENTO PODE AFETAR NEGATIVAMENTE OS SEUS NÍVEIS DE ANSIEDADE DIÁRIO?

Ansiedade geralmente vem com certos sentimentos, manifestações físicas, bem como pensamentos. Em um estado de ansiedade, você pode ter pensamentos que são difíceis de se livrar e que parecem se repetir. Estes podem incluir pensamentos negativos sobre você, uma situação, o futuro e assim por diante.

Você está familiarizado com uma pequena voz em sua mente que lhe diz que você não pode fazer algo, ou que você é um fracasso. Se você ouvir essa voz em sua cabeça, isso pode causar ansiedade ou piorar sua ansiedade.

Aqui está uma explicação mais aprofundada de como o pensamento negativo evolui para a ansiedade:

Muitas vezes, pensamentos negativos vêm **antes** dos sentimentos de ansiedade. Eles também podem aparecer **junto** com os sentimentos. Esses pensamentos negativos levam você a um ciclo vicioso. Os pensamentos levam à ansiedade, depois mantêm a ansiedade e, finalmente, essa ansiedade pode prejudicar o desempenho, "validando" os pensamentos. Vamos examinar esse ciclo mais de perto.

Primeiro de tudo, você pode começar a pensar de forma negativa sobre si mesmo ou sua situação. Esses pensamentos são geralmente irracionais, mas persistentes. Pode haver padrões de pensamento diferentes, como pensar de um modo "tudo ou nada" ("não consigo obter nada menos que um A no teste"), obtendo menos resultados positivos ("Acabei de ter sorte, e isso é porque eu tenho um A "), pensando de forma catastrófica ("Se eu não passar nesse teste, serei expulso da escola e minha vida acabará") ou acentuando o negativo ("Eu tenho um A , mas não era um A +").

Todos esses pensamentos criam certos sentimentos. Você começa a se preocupar, a se sentir impotente, incapaz e sem controle. Você também começa a sentir medo, por exemplo, medo do fracasso. Como resultado, você entra em um estado de ansiedade.

Durante esse estado de ansiedade, esses pensamentos negativos persistem, às vezes piorando os sintomas ou a ansiedade, à medida que você continua a percorrer esses padrões negativos. Esses pensamentos podem até se tornar pensamentos automáticos - pensamentos que são os primeiros a aparecer em uma situação. Por exemplo, quando você ouve que vai ter um outro teste, você pode imediatamente pensar negativamente sobre o seu desempenho e capacidades. Então, você sente a ansiedade novamente. Às vezes, essa ansiedade pode afetar o desempenho ou os resultados. Isso, por sua vez, pode reforçar as ideias negativas que continuam voltando.

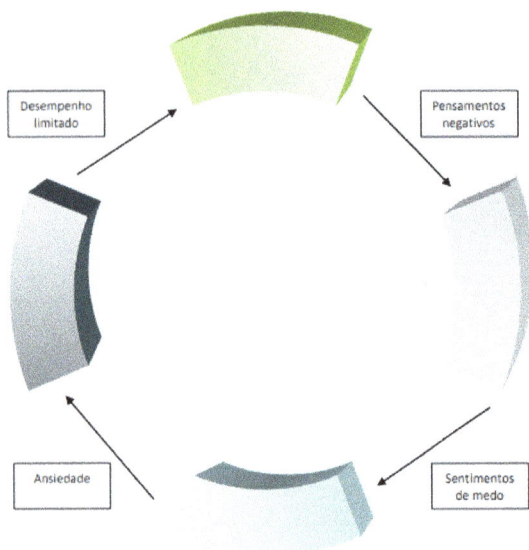

Resumindo, o pensamento negativo pode induzir, manter e piorar um estado de ansiedade. Esses pensamentos podem criar um círculo vicioso em que pensamentos, sentimentos, comportamentos e percepções são todos afetados negativamente.

Em vez disso, você precisa mudar seus pensamentos e abordagem. Quando você faz isso, sua ansiedade diminui, sua visão da vida melhora, assim como seu desempenho na vida.

Uma ótima maneira de começar cada um dos seus dias é fazendo alguns exercícios positivos de autorreflexão ou afirmações positivas.

VENCENDO A ANSIEDADE

CAPÍTULO 05

OUTROS FATORES QUE PODEM CONTRIBUIR PARA ANSIEDADE

Algumas pessoas são mais propensas a sentir ansiedade do que outras. Alguns desses fatores incluem:

• **Genética;**

Estudos feitos com gêmeos idênticos mostraram que existe uma forte relação entre genética e transtornos relacionados à ansiedade.

• **Gênero;**

As mulheres têm um risco maior de desenvolver um transtorno de ansiedade do que os homens, com exceção do Transtorno Obsessivo Compulsivo.

Além de genes e gênero, existem outras coisas que podem resultar em ansiedade. Ao saber o que são, você pode ser proativo na redução da ansiedade que sente no dia-a-dia.

Algumas dessas outras coisas incluem:

• **Falta de sono;**

O sono é fundamental para muitas das funções do seu corpo. Quando você dorme, seu corpo se conserta, regula seu peso, consolida sua memória e muitas outras coisas. Portanto, faz sentido que o sono também seja fundamental para lidar com o estresse, bem como os medos que podem resultar em ansiedade.

Portanto, é essencial praticar bons hábitos de higiene do sono que estimulem um sono saudável e tranquilo.

• **Falta de exercícios;**

Exercício não só tem benefícios físicos, mas também tem o benefício de reduzir a ansiedade, melhorando o seu humor. Qualquer tipo de atividade física é benéfica, mas se você sofre de ansiedade, incorporar a loga em sua rotina também pode ser útil.

- **Excesso de cafeína;**

Para algumas pessoas, uma xícara de café ou uma lata de pipoca podem ter muita cafeína. Lembre-se que a cafeína também é encontrada no chá e no chocolate. A cafeína é um estimulante, fazendo com que seu coração bata mais rápido. Pode fazer você se sentir nervoso e ansioso.

- **Respiração deficiente;**

Neste mundo acelerado, muitos são culpados de não respirar corretamente. Isso significa que você provavelmente está respirando superficialmente. Em vez disso, o que você deve fazer é respirar fundo. Você deve respirar fundo do estômago para o peito e dura quatro segundos e, em seguida, expire lentamente por quatro segundos. Faça isso várias vezes seguidas. Esta respiração profunda faz com que fique relaxado, o sistema parassimpático em seu corpo começa agir, e diminui a luta do seu corpo que não te permite relaxar.

A seguir, no próximo capítulo, você receberá detalhes sobre maneiras de reduzir a ansiedade em sua vida.

VENCENDO A
ANSIEDADE

CAPÍTULO 06

TRATAMENTOS PARA ANSIEDADE

- **Medicação**

Para casos mais graves de ansiedade, como aqueles que se desenvolveram em transtornos de ansiedade, o uso de medicação é um método de tratamento.

Dependerá do tipo de transtorno de ansiedade que você tem e de qual medicação o seu médico ou psiquiatra prescrever.

Alguns tipos de medicamentos usados incluem antidepressivos, benzodiazepínicos e betabloqueadores.

Medicamentos para ansiedade não curam a ansiedade, mas destinam-se a melhorar o enfrentamento e a função na vida diária.

• **Terapia cognitivo-comportamental**

Esta é outra forma de tratamento que pode ser eficaz para aqueles com transtornos de ansiedade. Como o nome sugere, existem dois componentes - cognitivos e comportamentais.

Os aspectos **cognitivos** consideram como você pensa, seus sistemas de crenças e como mudar sua maneira de pensar.

O aspecto **comportamental** analisa como você reage a situações que lhe causam ansiedade.

Então, quando juntos, examinar e mudar seus pensamentos internos que estão resultando ou causando comportamentos externos, é a premissa para a terapia cognitivo-comportamental. Modificando seus padrões de pensamento, você pode melhorar seus mecanismos de enfrentamento e funcionamento.

Você provavelmente já ouviu a citação de James Allen antes: "O que um homem pensa em seu coração, assim ele será". Bem, essa linha pode ser livremente aplicada a esse tipo de terapia, já que seu pensamento afeta seus comportamentos. Então, embora o objetivo seja ver uma mudança no comportamento, não é suficiente mudar apenas o comportamento. Você também deve mudar a maneira como você pensa sobre si mesmo e o que você experimenta na vida.

Por exemplo, você pode aprender como se afirmar no trabalho (comportamento), mas também precisa mudar a forma como pensa em suas habilidades para fazer isso (cognição). Em outras palavras, você deve sentir e acreditar que você é confiante e competente na situação, a fim de efetuar uma mudança real.

Infelizmente, a tendência do seu cérebro é olhar para as coisas negativamente, ao invés de positivamente, portanto, parece que apenas coisas ruins acontecem com você. Isso se chama "autoperpetuar

Na terapia cognitivo-comportamental, o foco é aprender a parar Pensamentos Negativos Automáticos, e aprender a substituir esses por pensamentos positivos que se tornam automáticos. Existe uma correlação direta entre o que você pensa e como seu corpo se sente.

Outro exemplo de como a terapia cognitivo comportamental pode funcionar com alguém que tem Transtorno Obsessivo-Compulsivo (TOC) é o seguinte. Se a pessoa com TOC tem medo de contaminação e germes, quando o cliente está pronto e explorou seus medos irracionais, o terapeuta pode estabelecer um ambiente controlado no qual as mãos do cliente estão cobertas de sujeira. O cliente então tem que esperar antes de lavar as mãos, observando que nada de catastrófico acontece ao fazer isso. Nesse caso, o cliente sentirá ansiedade, mas decidiu não ceder ao comportamento compulsivo ou à resposta para limpá-lo imediatamente. O cliente deve esperar até que a ansiedade diminua e aprender que nada de ruim irá acontecer. Você pode ouvir isso como Exposição e Prevenção de Resposta. Esse processo está relacionado ao processo de dessensibilização utilizado para aquelas pessoas que sofrem de fobias, e são gradualmente expostos à situação ou coisa causando o medo até que seu medo diminua gradualmente.

VENCENDO A ANSIEDADE

CAPÍTULO 07

MAIS TRATAMENTOS PARA ANSIEDADE

No último capítulo, discutimos os tratamentos mais utilizados para pessoas que sofrem de transtornos de ansiedade. Como você vai se lembrar de informações anteriores, ter o diagnóstico de um transtorno de ansiedade implica grandes disfunções e perturbações em sua vida.

Mas e se você não tiver um distúrbio de ansiedade diagnosticável? Em outras palavras, você tem ansiedade, mas ainda consegue funcionar (embora com alguma dificuldade) na vida diária.

Neste capítulo, vamos explorar tratamentos para ansiedade em geral. Estas são técnicas que podem ajudar alguém com ansiedade a lidar melhor, se você foi diagnosticado com um transtorno de ansiedade ou tem alguma ansiedade que torna a vida menos agradável do que você gostaria.

Aqui estão as técnicas:

Relaxamento

Nos dias de hoje, muitas pessoas não sabem o que é sentir-se verdadeiramente relaxado.

O objetivo do relaxamento é fazer com que o sistema parassimpático do seu corpo assuma o sistema hiperativo. O sistema parassimpático e o sistema simpático fazem parte do sistema autônomo do seu corpo. O sistema autônomo está sob controle involuntário e é o que regula o coração, os músculos e as glândulas.

Quando você está com medo ou ansioso, seu corpo é inundado com adrenalina e cortisol, dois hormônios que ativam o sistema nervoso simpático para entrar em ação. É isso que faz com que seu coração bata mais rápido, que sua pressão sanguínea aumente, que suas pupilas se dilatem, que sua digestão diminua e que o sangue vá para os músculos. Isso tudo prepara o seu corpo para o reflexo primitivo conhecido como " ou fuja". É útil em emergências reais ou como quando você precisa fugir de um assaltante, ou situações estressantes, como a preparação para uma entrevista importante.

Felizmente, você pode treinar seu sistema nervoso autônomo para permitir que suas funções do sistema **parassimpático** assumam o controle. Isso ocorre porque o sistema parassimpático é o que faz com que a frequência cardíaca diminua, a pressão sanguínea diminua, as pupilas se contraiam, a digestão volte ao normal e menos sangue vá para os músculos. Isso tudo coloca o seu corpo em um estado de **relaxamento**.

Então, sabendo disso, você saberá que está relaxado quando:

• Seus músculos se sentem relaxados e soltos e não tensos;

• Sua respiração não é rápida e não é superficial;

• Você não sente que tem que correr e fazer outra coisa, porque você pode deixar de lado suas preocupações e se concentrar no estado de relaxamento.

A seguir, são duas maneiras que permitem que você treine seu corpo a relaxar, ajudando a reduzir a ansiedade:

1. **Relaxamento Muscular Progressivo**

Quando você está se sentindo ansioso, ou está sob estresse, a reação do seu corpo é produzir tensão muscular. Essa tensão muscular pode resultar em dores de cabeça e dores de estômago, por exemplo. Felizmente, o relaxamento muscular progressivo é ótimo para ensinar-lhe como é ter músculos relaxados ao invés de tensos.

O RMP envolve o tensionamento de determinados grupos musculares e, em seguida, o relaxamento.

Antes de começar a fazer relaxamento muscular progressivo, aqui estão algumas dicas para tornar a experiência a melhor possível:

• Verifique com o seu médico se você tem alguma lesão muscular específica, ossos quebrados ou outras condições que poderiam ser agravadas por fazer RMP;

• Escolha um quarto silencioso, livre de todas as distrações;

• Planeje pelo menos 15 minutos para completar cada sessão de RMP. Você pode fazer isso uma a duas vezes por dia;

• Tenha em mente que isso será mais fácil de fazer quanto mais você praticar. É melhor aprender como fazê-lo quando você não está ansioso para que, quando precisar usá-lo, seja mais fácil;

• Lembre-se de que o objetivo é um estado calmo e alerta. Você não quer adormecer enquanto faz RMP;

• É mais fácil começar em uma poltrona reclinável, pois você pode adormecer se fizer o RMP em uma cama;

• Não execute RMP depois de comer uma refeição pesada;

• Use roupas largas e confortáveis e tire os sapatos;

• Certifique-se de que a temperatura ambiente é confortável.

Com essas dicas em mente, é hora de começar. Isto é o que você faz:

Abaixo, uma descrição será fornecida sobre a tensão e o relaxamento de cada grupo muscular. Você sempre começa tensionando o grupo muscular durante cerca de cinco segundos enquanto respira fundo. Após os cinco segundos, você relaxa o grupo muscular e expira. Relaxe por dez a quinze segundos antes de passar para o próximo exercício da sequência.

É fundamental que você se concentre como seus músculos se sentem no estado **tenso** e **relaxado**.

Você pode começar no topo da cabeça e descer para os pés, ou vice-versa. No que se segue, é um exemplo de qual ordem você pode querer fazer o RMP.

• **Músculos da testa** - tensione-os levantando as sobrancelhas o máximo possível. Então relaxe;

• **Olhos** - Feche bem os olhos. Então relaxe;

• **Boca** - Abra a boca o máximo que puder. Então relaxe;

• **Ombro**s - Eleve-os para tocar seus ouvidos. Então relaxe;

• **Peito** - Respire fundo. Então relaxe;

• **Estômago** - Puxe com força. Imagine que você está puxando seu umbigo. Então relaxe;

• **Nádegas** - Aperte as bochechas dos glúteos. Então relaxe;

• **Braço Esquerdo** - Dobre o cotovelo, levando a mão esquerda em direção ao ombro esquerdo. Force o bíceps e sua mão. Então relaxe;

• **Mão esquerda** - faça um punho apertado. Então relaxe;

• **Braço direito** - dobre o cotovelo direito, levando a mão direita em direção ao ombro direito. Force o bíceps e sua mão. Então relaxe;

• **Mão direita** - faça um punho apertado. Então relaxe;

• **Coxa Esquerda** - Aperte seus músculos da coxa. Então relaxe;

• **Canela esquerda** - Puxe os dedos dos pés em direção à sua cabeça. Então relaxe;

• **Pé esquerdo** - Aperte os dedos dos pés na sola do pé. Então relaxe;

• **Coxa Direita** - Aperte os músculos quadra / coxa. Então relaxe;

• **Canela direita** - Puxe os dedos dos pés em direção à sua cabeça. Então relaxe;

• **Pé direito** - Aperte os dedos dos pés na sola do pé. Então relaxe.

2.Visualização

Esta técnica para reduzir a ansiedade envolve imagens guiadas onde você imagina uma situação calma e relaxante.

Tal como acontece com o relaxamento muscular progressivo, antes de participar da visualização, certifique-se de encontrar uma sala livre de distrações, usar roupas largas e confortáveis e encontrar uma posição confortável.

Também é benéfico fazer relaxamento muscular progressivo antes mesmo de começar a visualização, pois permite que seu corpo esteja em um estado relaxado antes de começar.

Você pode imaginar o cenário relaxante em sua cabeça ou pode optar por ouvir um áudio gravado do cenário relaxante. Se você optar por fazer o último, você pode gravar o áudio sozinho, pedir a alguém para fazer isso por você (alguém de quem você gosta) ou comprar um áudio.

Uma palavra de cautela: Não ouça um áudio de visualização quando estiver dirigindo ou operando máquinas. Além disso, aguarde cerca de dez minutos depois de concluir a visualização antes de se envolver em algo potencialmente perigoso.

A visualização mais comum usada é o cenário de praia, mas você pode usar qualquer cenário que achar relaxante.

Aqui está um exemplo de um cenário de praia que você pode usar:

Imagine que você está na praia. Está deserta. O sol está brilhando. O céu é azul com apenas algumas nuvens brancas e fofas. A areia e a água estão brilhando com o reflexo do sol. Você caminha pela praia, sentindo a areia quente entre os dedos dos pés. Você encontra uma árvore que oferece sombra e coloca sua manta de praia embaixo da árvore. Você deita no cobertor. Observe como é relaxante estar na sombra. É um dia quente, mas você mal percebe como a sombra é tão agradável, assim como a brisa saindo da água. Observe como a brisa faz você se sentir relaxado. Você ouve as ondas batendo levemente no litoral. O som é tão relaxante e faz você apreciar a beleza do mundo. Você está tão relaxado que pode sentir-se afundar no cobertor e relaxar os músculos. Suas respirações estão se tornando mais profundas e toda vez que você expira, sente a tensão deixar seu corpo. As ondas continuam a girar no fundo, fazendo você se sentir ainda mais relaxado. Uma vez que você se sinta relaxado, se imagine levantando lentamente e caminhando de volta para casa pela areia e pelas densas árvores.

Nota: É importante que, ao visualizar, você se concentre em usar o máximo possível de seus sentidos. Preste atenção aos aromas ao seu redor, como os cheiros (ex. A água salgada, o cheiro de praia), visões, sons e sensações.

Respiração profunda

Infelizmente, você provavelmente esquece de respirar profundamente na maior parte do tempo. Quando você fica tenso ou ansioso, a tendência é respirar superficial e rapidamente. Isso pode tornar a ansiedade ainda pior também.

É importante saber que existem dois tipos principais de respiração:

• Raso, respiração no peito;

• Respiração abdominal profunda, diafragmática.

O foco da respiração profunda é respirar fundo que vem de baixo em sua barriga, onde seu diafragma está localizado dentro de seu corpo. Este é o tipo de respiração que induz o relaxamento da mente e do corpo. Curiosamente, é o mesmo tipo de respiração que os recém-nascidos usam.

Por outro lado, a respiração superficial do peito aumenta a tontura, o batimento cardíaco, a tensão muscular, a dormência e o formigamento. Como já mencionado, esse tipo de respiração pode agravar ainda mais a ansiedade.

Como acontece com outras formas de técnicas de relaxamento que reduzem a ansiedade, o objetivo da respiração profunda é desligar o sistema simpático do seu corpo e permitir que o sistema parassimpático assuma o controle. Além disso, você pode praticar essa técnica quando estiver relaxado, para que você se familiarize com ela quando precisar fazer isso quando estiver ansioso. Melhor ainda, você pode treinar para respirar pelo abdômen durante a maior parte do seu dia, durante sua rotina (exceto durante o exercício)

Uma dica para ajudá-lo a entender a diferença entre respirar pelo peito e respirar pelo abdômen é necessário fazer esse pequeno exercício.

Deite. Coloque uma mão no seu peito e outra no seu abdômen. Primeiro, respire fundo e você notará que a mão em seu peito se move mais do que a mão em seu abdômen. Em seguida, respire fundo e a mão em seu abdômen se moverá mais e mais alto do que a do peito.

Abaixo encontram-se os modos como você dever fazer a respiração abdominal profunda que vem do diafragma:

• Sente-se em uma cadeira confortável em vez de se deitar, pois isso permitirá que você respire profundamente; NOME DO AUTOR 60

  • Relaxe seus braços nos braços da cadeira ou no seu colo;

  • Inspire lenta e profundamente pelo nariz, sentindo o abdômen inferior subir ao fazêlo. Certifique-se de que seus ombros não se elevem ao fazê-lo;

  • Prenda a respiração por alguns segundos antes de exalar lentamente através dos lábios franzidos. Certifique-se de manter os músculos do seu rosto relaxados enquanto expira;

  • Aguarde alguns segundos e repita isso várias vezes até sentir um aumento da sensação de calmaria. Frequentemente, são necessários cerca de oito ciclos de inspiração antes e depois de sentir os efeitos da respiração abdominal profunda. Você aprenderá o que funciona melhor para você.

Yoga

Yoga é um método para aumentar a flexibilidade, força, equilíbrio e postura. Também é importante usar para relaxamento, reduzindo a tensão em seu corpo e acalmando sua mente. Também resulta em importantes alterações fisiológicas no seu corpo, como a redução da frequência cardíaca e da pressão arterial. Ao fazer yoga, você ajuda a eliminar a ansiedade do corpo.

Como em qualquer exercício, você deve sempre consultar o seu médico ou profissional de saúde antes de iniciar o yoga, pois existem algumas poses que não são seguras. Por exemplo, as mulheres grávidas devem evitar certas poses, como as pessoas com problemas lombares ou da coluna vertebral. Até mesmo pessoas com glaucoma devem evitar algumas das poses

de inversão, pois há risco de aumento da pressão intraocular nos olhos. Alguns também recomendam evitar certas poses durante a menstruação. Pessoas com dores de cabeça, tontura e problemas de pressão arterial também precisam determinar as melhores poses para fazer dentro de seus limites de saúde. Portanto, certifique-se de verificar com alguém que sabe sobre sua saúde antes de começar a yoga.

Existem diferentes tipos de yoga a considerar, bem como diferentes poses. Algumas poses causam mais efeito calmante, enquanto outras utilizam do calor para ajudar na tensão muscular. Você pode querer experimentar diferentes aulas públicas para NOME DO AUTOR 63 determinar o que faz você se sentir mais relaxado, ou você pode fazer yoga em sua própria casa. Quando você está praticando yoga, você deve estar gostando e não deve haver dor.

Aqui estão algumas diretrizes gerais para lembrar quando realizar yoga para ansiedade.

Se você está se sentindo sobrecarregado e precisa se acalmar, considere o seguinte:

• Se mova lentamente;

• Respire devagar e profundamente;

• Feche os olhos ao fazer as poses;

• Escolha algumas posições de inversão, bem como dobrar-se para a frente.

Se você precisar resolver alguma tensão, considere o seguinte:

• Mova-se mais rapidamente;

• Certifique-se de respirar profundamente e preste atenção à sua respiração;

• Mantenha seus olhos abertos;

• Você pode querer fazer mais poses em pé, e aquelas que incluem dobrar-se para trás.

Se você é novato em Yoga e tem boa saúde física, aqui estão algumas poses que podem ser úteis para você começar. Lembre-se de que estas são sugestões e dependem da sua própria saúde física. Eventualmente, você pode adicionar outras poses (asanas) ou alterá-las de acordo com o que lhe dá mais benefícios.

Pose 1: Pose da Criança (Balasana)

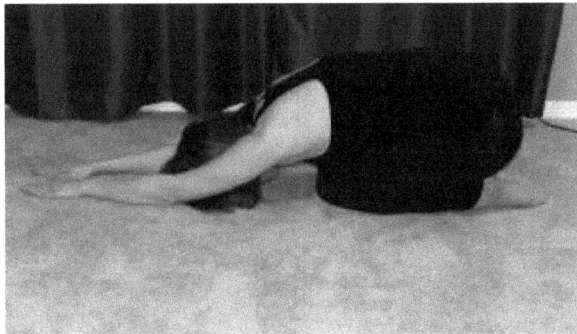

Esta postura de repouso envolve sentar-se sobre os joelhos e os pés e dobrar-se para a frente, para que você abaixe o peito em suas coxas. Descanse sua testa no chão ou em um travesseiro pequeno. Você pode colocar seus braços para frente acima da sua cabeça ou ao seu lado.

Esta postura proporciona a paz e o silêncio. É uma posição comum usada dentre outras posições, mas funciona muito bem como sua própria postura

Mantenha-se por pelo menos dez respirações relaxadas.

Pose 2: Curva para a frente em pé (Uttanasana)

Esta curva para frente é um bom asana (postura) para acalmar o sistema nervoso simpático.

Para fazer essa postura, incline-se para frente a partir dos quadris em vez da cintura, e alcance os dedos dos pés, com a cabeça próxima dos dedos dos pés. Tente colocar as palmas das mãos na horizontal.

Pose 3: Pose de Pernas-Acima-da-Parede (Viparita Karani)

Para essa postura, você precisará apoiar um travesseiro ou enrolar um cobertor na região inferior (lombar) de suas costas.

Permaneça nesta posição por pelo menos 5 minutos, ou mais tempo se quiser

Pose 4: Pose de gato (Marjaryasana)

Com as mãos e os joelhos apoiados ao chão, coloque os joelhos diretamente abaixo dos quadris. Certifique-se de que seus ombros, cotovelos e punhos estejam alinhados um sobre o outro. Olhe para o chão. Suas costas devem estar relaxadas e retas.

Ao expirar, retraia as costas para cima (como um gato), e relaxe a cabeça para baixo.

Quando você inspirar, deixe suas costas relaxarem na posição inicial.

Pose 5: postura da árvore (Vrksasana)

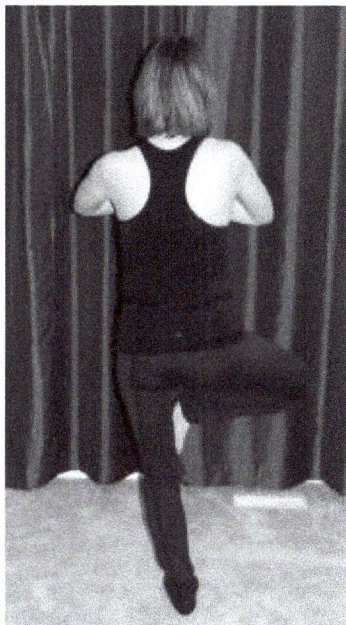

Tal postura de equilíbrio força você a se concentrar em seu corpo no espaço, em vez de sua ansiedade ou preocupações. Acredite ou não, é uma pose tão boa para iniciantes quanto para pessoas avançadas.

Para fazer essa postura, você deve estar ciente de como fazer a postura da montanha (Tadasana) primeiro, já que esta é a base de todas as outras posições em pé, incluindo a Postura da Árvore.

A postura da montanha envolve ficar de pé com os pés afastados na largura dos quadris mantendo-os, juntamente com os joelhos e tornozelos alinhados. Você deve notar que o peso do seu corpo é distribuído uniformemente pelos dois pés e que você não está inclinado para frente ou para trás. Você pode manter seus braços ao lado do corpo.

Você usa a postura da montanha para fazer a transição para a postura da árvore. Para fazer a postura da árvore, comece deslocando seu peso para o pé esquerdo. Em seguida, dobre o joelho direito e, na sequência, pegue o tornozelo direito. Gradualmente, traga-o para dentro da parte interna da coxa esquerda. Você terá que ajustar seu corpo de modo que sua pélvis fique acima do seu pé esquerdo para que você possa manter seu equilíbrio. Em seguida, coloque as mãos à sua frente em posição de oração, com os polegares tocando o peito. Para manter o equilíbrio, concentra-se em um ponto no chão ou na parede à sua frente. Mantenha a posição por um minuto e depois faça a postura com a perna oposta.

Se ainda está tendo dificuldades com essa postura, aqui estão algumas outras dicas:

Você pode faze-la contra a parede para aumentar o equilíbrio e o suporte. Além disso, se não conseguir levar o pé até a coxa oposta, tente repousar ao lado da panturrilha oposta e nunca coloque o pé contra a articulação do joelho, isso poderá causar uma pressão e estresse indevidos na articulação do joelho.

Uma opção mais desafiadora para essa postura é levantar os braços acima da cabeça com as palmas das mãos se tocando.

Pose 6: Curva para Frente Sentada (Paschimottanasana)

Sente-se no chão com as pernas esticadas à sua frente. Pressione os calcanhares enquanto puxa os dedos dos pés em direção à sua cabeça. Traga as mãos sobre a cabeça, junte as mãos e mantenha os cotovelos ao lado das orelhas enquanto se inclina para a frente. Curve-se para a frente levando a cabeça em direção aos joelhos. Dobre para a frente até sentir um alongamento.

Toda vez que você inspirar, tente alongar os músculos das costas e, a cada expiração, tente inclinar-se um pouco mais. Mantenha essa postura durante um a três minutos.

Meditação de Atenção Plena

Existem muitos tipos diferentes de meditação, mas apenas dois serão discutidos abaixo. Você pode querer explorar ainda mais a meditação e encontrar uma que funcione melhor para você. O resultado final é que você encontre uma técnica de meditação que trabalhe para acalmar sua mente e reduzir sua ansiedade.

O dicionário Merriam-Webster define "atenção plena" como " a prática de manter um estado não crítico de consciência intensificada ou completa dos pensamentos, emoções ou experiências de uma pessoa, de momento a momento."

A atenção plena pode ser aprendida através da meditação.

O dicionário Merriam-Webster define ainda a meditação de duas maneiras:

• se envolver em contemplação ou reflexão;

 • se envolver em exercícios mentais (como concentração na respiração ou repetição de um mantra) com a finalidade de alcançar um nível elevado de consciência espiritual.

O propósito da meditação consciente é permitir que você se torne **presente no momento**. Ele permite que você se conecte com o seu eu interior e com o ser. Quando consegue aprender a controlar seus pensamentos e sentimentos, e não se agarrar a eles, pode notar uma diminuição na ansiedade. Ao aprender a focar no presente, e não no passado ou no futuro, você pode viver no **agora** e ter mais alegria e paz em sua vida.

Não é, no entanto, tentar parar de pensar enquanto medita. Quando você está atento, pode desfrutar de viver a sua vida, mesmo quando tem que experimentar situações desagradáveis ou agradáveis.

Meditação Transcendental (TM)

A meditação transcendental não só beneficia pessoas com ansiedade, mas estudos demonstram sua eficácia na redução da pressão arterial, na diminuição de doenças cardiovasculares e na prevenção do diabetes em indivíduos suscetíveis.

Outros benefícios envolvem a facilidade de aprender a técnica e quão agradável pode ser.

De fato, estudos posteriores afirmaram que a meditação transcendental é mais eficaz para a ansiedade do que a meditação da atenção plena.

Não importa que tipo de meditação você decida fazer, outra chave é apenas aprender como se tornar um observador de seus pensamentos e sentimentos, como se o indivíduo fosse um

espectador observando o que está acontecendo do lado de fora.

A meditação transcendental envolve dizer um mantra ou som que não tem significado. Também é indicado que sua técnica seja ensinada por um professor, para que você possa se concentrar em aprender e se beneficiar como um todo dos seus conhecimentos, porém não se faz obrigatório, levando em consideração o que funciona para você aprender melhor.

Dieta

Uma dieta saudável é importante para manter a saúde física. É tão importante quanto a sua saúde mental e na redução da ansiedade.

Existem alimentos que podem ajudar a acalmar seus nervos e melhorar seu sono.

Alimentos específicos para incluir na sua dieta:

• **A vitamina C** - encontrada nessas frutas e legumes: laranjas, pêssegos, kiwi, brócolis, espinafre, couve de bruxelas e pimentas vermelhas. Também não se esqueça de consumir blueberries, que são muitas vezes considerados um superalimento devido à sua rica fonte de antioxidantes.

• **Óleos Omega 3** - Estas gorduras saudáveis ajudam a manter o seu sistema simpático sob controle. Boa fonte de ômega 3 incluem peixes de água fria, como salmão, sardinha, atum e anchovas, suplementos de óleo de peixe de qualidade, linhaça moída, óleo de linhaça e nozes.

• **Carboidratos complexos** - Os carboidratos complexos são digeridos mais lentamente em seu corpo do que os que não são (carboidratos simples). Isso, por sua vez, ajuda a manter o nível glicose no sangue estável para que você não sofra perdas bruscas de açúcar. Estudos também mostram que os carboidratos complexos aumentam as substâncias químicas do cérebro, chamadas de serotonina. Exemplos de alimentos ricos em carboidratos complexos incluem alimentos vegetais integrais, como vegetais verdes, batata-doce, batata, abóbora, milho, nabo e ervilhas. Outros alimentos ricos em carboidratos complexos incluem grãos integrais (ex. Pães integrais e massas integrais). Feijões, lentilhas e amendoim também estão incluídos nesta categoria. Evite carboidratos simples, como arroz branco, farinha branca e açúcar.

• **Proteína** - Ovos, carnes magras, como frango e peru, e iogurte grego são ótimas fontes de proteína. Amêndoas também fornecem uma fonte de proteína, além de quantidades pequenas de ômega 3.

Quando você inclui muitos dos alimentos acima em sua dieta, você também vai aumentar sua ingestão de fibras. A fibra é importante na regulação do seu sistema digestivo e ajuda a limpar o corpo de toxinas. Tudo isso é importante para ajudar a controlar seus níveis de ansiedade.

Então, quanto de fibra é recomendada?

De acordo com o site do Instituto de Medicina, se você é um homem de 50 anos ou menos, você precisa de 38 g de fibra todos os dias, e as mulheres precisam de 25 gramas. No entanto, se você tem mais de 50 anos, os homens precisam de 30 gramas e as mulheres precisam de 21 gramas.

Água

Falando em fibra, também é muito importante garantir que você beba água suficiente quando consome as quantidades corretas de fibra. A água garante que a fibra não seja acumulada no seu intestino.

Não só isso, mas a importância em manter-se hidratado desempenha um papel importante no controle de sua ansiedade. A composição do seu corpo é basicamente água, visto que, até 55% a 60% do seu peso é composto de água. Seu corpo precisa desse composto vital para funcionar corretamente, tanto física quanto mentalmente.

Então, quanto de água você precisa beber todos os dias?

Durante anos, você ouviu que deveria beber oito copos de água por dia, separados de qualquer outro líquido ingerido.

No entanto, em 2004, novas recomendações surgiram, descartando a regra dos oito copos de água por dia.

Agora, a recomendação é que, se você é do sexo masculino, precisa de cerca de quinze xícaras de **líquido** total todos os dias derivados de **bebidas** e **alimentos** consumidos, e se for mulher, a quantidade é de onze copos.

Especialistas dizem ainda que a maioria das pessoas recebe 80% da ingestão de líquidos da água e de outras bebidas e 20% através da ingestão de líquidos presentes em alimentos. Portanto, a quantidade de líquidos que você deve consumir através de bebidas é igual a doze para homens e nove para mulheres. Devido a isso você deve se esforçar para se manter bem hidratado, o que é importante para controlar seus níveis de ansiedade.

Enquanto estamos no tópico da dieta, também é importante discutir itens alimentares e bebidas para evitar.

Esses incluem:

1. **Aqueles ricos em açúcar –**

Isso foi parcialmente mencionado acima quando foi sugerida a redução de ingestão de carboidratos simples.

Existem as fontes óbvias de açúcar para evitar, mas não se esqueça dos sucos de frutas, bebidas esportivas e smoothies de frutas.

Em vez disso, adicionar uma fatia de limão a um copo de água ou adicionar vegetais, proteína em pó e iogurte grego aos seus smoothies são boas opções.

Além disso, certifique-se de verificar os rótulos dos alimentos, pois o açúcar pode estar presente em muitos alimentos que você pode não imaginar, como o ketchup. Lembre-se que a palavra "açúcar" pode não estar nos rótulos dos alimentos. Em vez disso, o açúcar pode ser disfarçado usando as palavras maltodextrina, frutose e muito mais.

2.Alimentos e bebidas que contenham cafeína –

A cafeína é um estimulante e estimula o seu sistema simpático. Algumas pessoas com ansiedade descobriram que simplesmente reduzir a sua ingestão em vez de eliminá-lo completamente, é o suficiente para manter a ansiedade sob controle.

3.Álcool –

Muitas pessoas pensam que o álcool pode relaxálas. Afinal, o álcool age como um depressor no sistema nervoso. Infelizmente, a longo prazo, o consumo de álcool afeta os neurotransmissores (substâncias químicas) presentes em seu cérebro, o que pode agravar os sintomas de ansiedade.

4.Alimentos processados –

Você deve se preocupar com a ingestão de alimentos processados. Quando você tem ansiedade, você deve evitar tais alimentos pois são ricos em açúcar e têm baixo valor nutricional. Quando você vê um monte de ingredientes em um rótulo de comida que você mal pode pronunciar ou não tem idéia do que eles são, esta é provavelmente uma bandeira vermelha para você

5.Fast Foods –

Os fast foods geralmente são feitos de alimentos processados e farinhas brancas refinadas. Se você tiver que comer quando estiver na estrada, prefira alimentos mais naturais, como saladas frescas e carnes grelhadas.

6. Suplementos para perda de peso –

Alguns suplementos para perda de peso contêm ingredientes que atuam como estimulantes, como por exemplo o guaraná.

Vitaminas, Suplementos e Ervas

Antes de tomar quaisquer vitaminas, suplementos ou ervas, é sempre aconselhável que você fale primeiro com seu médico ou profissional de saúde. Isso porque, embora possam ser produtos naturais, eles podem interagir com outros produtos ou medicamentos, **causando efeitos colaterais e possíveis interações perigosas**. Além disso, você não quer dirigir ou operar máquinas depois de ingerir alguns desses produtos. A seguir, alguns exemplos que podem ajudar a reduzir e prevenir a ansiedade.

Multivitamínico / suplemento –

Muita controvérsia continua presente na comunidade médica no que diz respeito à necessidade de multivitaminas/suplementos. Tudo o que você precisa fazer é conversar com diferentes médicos e obter opiniões distintas.

Em 2002, o Journal of American Medical Association (JAMA) reconheceu a importância das vitaminas para a prevenção de doenças crônicas em adultos (ex. Câncer, doenças cardiovasculares). Os alimentos vegetais de hoje não contêm a mesma quantidade de nutrientes presentes em anos atrás, devido aos solos esgotados em nutrientes, e as distâncias que os alimentos têm que percorrer antes de chegar ao mercado. No entanto, o uso de vitaminas e minerais não são tão eficazes no tratamento da ansiedade.

Se, no entanto, você quiser tomar vitaminas, uma vitamina B às vezes pode ajudar.

Além disso, magnésio pode ser útil, pois está envolvido em mais de duzentas funções em seu corpo. O magnésio pode relaxar o sistema nervoso e ajudar a controlar os hormônios. Pode auxiliar quando tomado antes de ir para a cama.

Maracujá –

Esta fruta fornece calmante para o seu corpo e é bom para a ansiedade. No entanto, não deve ser usado com um antidepressivo se um médico não o aprovar.

Raiz de Valeriana –

Esta erva é frequentemente usada para pessoas com insônia, no entanto, também é usada para ansiedade com opiniões divididas. O bom em consumir esta erva é que não há tantos efeitos colaterais.

Pó de raiz de Maca –

Estudos descobriram que o pó de raiz de Maca é útil no tratamento dos sintomas de depressão e ansiedade, para citar alguns.

A Maca é uma planta encontrada na América do Sul na Cordilheira dos Andes, assim como em outros climas subtropicais.

Você pode consumir Maca de várias formas, como cápsulas ou em pó, e consumi-la com comida.

Melatonina –

Este hormônio é produzido naturalmente em seu cérebro, mas também pode ser comprado em forma de suplemento. Ele ajuda a regular os ciclos de sono, dizendo ao seu corpo quando é noite e quando é dia. A produção de melatonina aumenta à noite quando está escuro, quando diz ao seu corpo que é hora de dormir. Relatos variam, mas, mais estudos precisam ser concluídos a respeito para atestar se de fato beneficia as pessoas com ansiedade. Uma maneira que pode te beneficiar é você estiver tendo dificuldade em dormir devido à ansiedade.

Lavanda –

Você provavelmente já ouviu falar que a lavanda é usada na aromaterapia para relaxar. Óleo essencial de lavanda oral também existe, e tem se mostrado promissor para aqueles com transtorno de ansiedade generalizada em um artigo publicado em uma revista médica em janeiro de 2014.

Erva-cidreira –

Esta é considerada uma erva calmante. Estudos mostram que a erva-cidreira é eficaz para a ansiedade quando também combinadas com outras ervas conhecidas por suas propriedades calmantes (camomila, valeriana e lúpulo).

Kava –

Esta erva precisa de uma menção especial, uma vez que foi amplamente utilizada na Europa como um tratamento muito eficaz para a ansiedade até 2002. No entanto, devido a preocupações relacionadas com a lesão hepática, foi retirada dos mercados. No entanto, os defensores da Kava apontaram que é importante que ela não seja usada com álcool, e que potenciais problemas se deram devido a algumas empresas de manufatura que utilizaram compostos mais sintéticos em suas formulações. Se você decidir usar Kava, deve ser usado com extrema cautela e monitoramento da função hepática pelo seu médico.

Exercícios

Você já sabe que o exercício é bom para o seu corpo. É bom para o seu corpo e também para sua mente. Estudos mostram que o exercício pode ser benéfico para pessoas com ansiedade diária, mas também para aqueles com transtornos de ansiedade diagnosticados clinicamente.

De fato, foi demonstrado que aqueles que se exercitam regularmente também apresentam ansiedade menos frequente e menos severa em geral.

É claro que, antes de iniciar qualquer programa de exercícios, você deve sempre consultar o seu médico para garantir que esteja saudável o suficiente para iniciar um programa.

Abaixo listamos razões pelas quais o exercício pode ser bom e funcionar para você, se você sofre de ansiedade:

1. **Você se sente melhor**

Quando você se exercita, seu corpo produz substâncias químicas para sentir-se bem e analgésicos naturais, chamados endorfinas. Essas substâncias naturais ajudam a elevar o seu humor, e você se sente mais calmo e mais preparado para enfrentar qualquer coisa que surja em seu caminho.

2. **Seus níveis de estresse diminuem**

Exercício tem o benefício adicional de reduzir seus hormônios do estresse, cortisol e adrenalina. Estas são as mesmas substâncias químicas que estão envolvidas na resposta simpática do seu corpo.

O exercício também pode ajudar a diminuir seus níveis de estresse, pois tira da sua mente as preocupações. Como um bônus, você pode perceber que o seu sono também melhora.

3. Você se sente mais feliz

Tanto sua mente quanto seu corpo se beneficiam com a prática de exercício físico. Quando a aparência do seu corpo melhora devido ao exercício, o mesmo acontece com sua atitude e confiança com o que você pode realizar na vida.

4. Os efeitos do exercício são duradouros

Os benefícios do exercício como um tratamento antiansiedade, muitas vezes podem ser sentidos por horas após a conclusão. Portanto, não apenas fornece a você os efeitos imediatos de redução da ansiedade, como também pode levar essa sensação de calma a outras partes do seu dia.

Mas quanto de exercício você precisa fazer para perceber os benefícios?

Dependendo do que você lê, você receberá várias respostas diferentes. Alguns sugerem que até mesmo dez minutos de exercício todos os dias podem ser suficientes. Outros relatam trinta minutos por dia de exercício moderado, enquanto outros ainda recomendam trinta minutos de três a cinco vezes na semana.

O que parece fazer mais sentido é tentar incorporar o exercício diário em sua rotina ou horário e determinar a quantidade de exercício que parece funcionar melhor para você.

Você precisa ir a uma academia?

Não, não precisa. No entanto, se você tiver ansiedade social e estiver trabalhando com um terapeuta, essa pode ser uma meta a ser trabalhada.

 Por enquanto, não importa que tipo de ansiedade você tenha, uma rápida caminhada ou corrida pode ser tudo o que você precisa. O objetivo é apenas para começar e fazer algo que envolva um treino cardiovascular (supondo que seu médico lhe deu o "ok".) Escolha algo que você gosta de fazer. Há muitos jogos ativos de Wii que você pode fazer em casa para se movimentar e esquecer seus problemas. Por exemplo, os jogos "Just Dance" e "Wii Sports" são algumas ideias

Aqui estão algumas dicas a considerar quando se trata de exercício:

Uma dica importante é que você comece a PLANEJAR seu exercício em sua programação. Caso contrário, é muito fácil esquecer de fazê-lo ou ignorá-lo se você não estiver disposto a fazê-lo naquele dia. A última coisa que você precisa sentir é culpado por não estar acompanhando o exercício como planejado, o que poderia contribuir para mais ansiedade.

Se você sentir falta de algumas rotinas de exercícios, não se sinta mal. Todo mundo passa por isso de vez em quando. O objetivo é voltar à rotina o mais rápido possível e deixar que o passado seja apenas isso - o passado.

Se você acha difícil motivar-se para se exercitar ou ficar motivado, pense no que pode estar causando isso. Como já mencionado, ir a uma academia pode não ser a melhor ideia para você se ficar ansioso com o fato de estar perto de tantas pessoas ou com o pensamento de tentar descobrir como trabalhar nas máquinas de exercícios. No entanto, tenha em mente que, se você perguntar, muitas academias farão um tour pelas instalações e mostrarão como usar as máquinas. Outra coisa a ter em mente é que às vezes ter um "companheiro de exercício" é tudo que você precisa para mantê-lo motivado e se divertir ao mesmo tempo.

Auto-Conversa Positiva

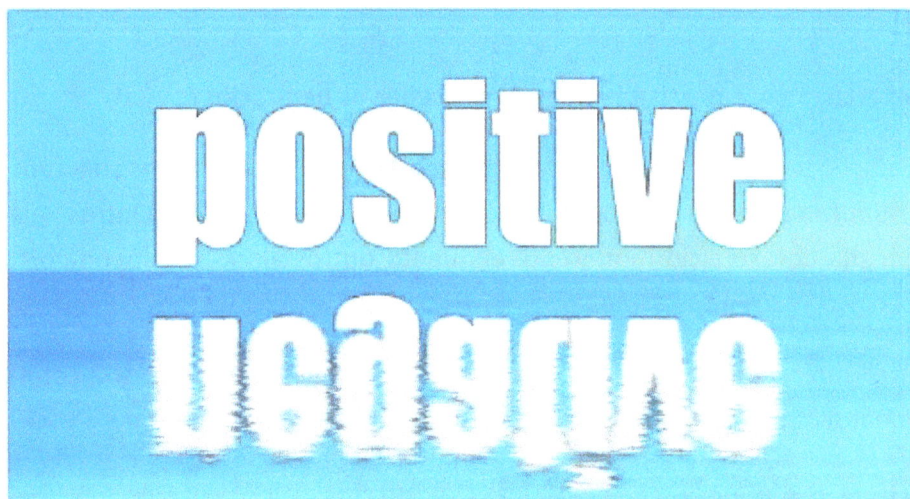

O que é auto-conversa?

São os pensamentos contínuos que passam pela sua cabeça. Sua auto-conversa pode ser positiva ou negativa.

Por alguma razão, o cérebro humano está preparado para pensar negativamente nas situações. Talvez seja uma resposta primitiva que foi útil para os primeiros homens que precisavam estar contra-atacar possíveis predadores.

De qualquer forma, pensamento negativo não é útil para você e pode contribuir ou piorar a ansiedade. Você precisa superar os pensamentos negativos e substituí-los por pensamentos positivos, porque quando você pensa positivamente, também é mais provável que você obtenha resultados positivos em sua vida e menos ansiedade.

Aqui está um exemplo de como o seu pensamento afeta o que você sente:

Evento

```
┌─────────────────────────┐
│  Seus colegas de trabalho │
│  dizem "oi" para você     │
└─────────────────────────┘
```

Sua percepção   ### Sua percepção

```
┌──────────────┐   ┌──────────────┐
│ Que pessoa   │   │ Por que ela está │
│ agradável. Eu │   │ dando "oi"? Ela  │
│ gosto dela.  │   │ pode querer algo │
│              │   │ de mim.          │
└──────────────┘   └──────────────┘
```

Como você se sente   ### Como você se sente

```
┌──────────────┐      ┌──────────────┐
│ Feliz e relaxado │  │ Irritado e ansioso │
└──────────────┘      └──────────────┘
```

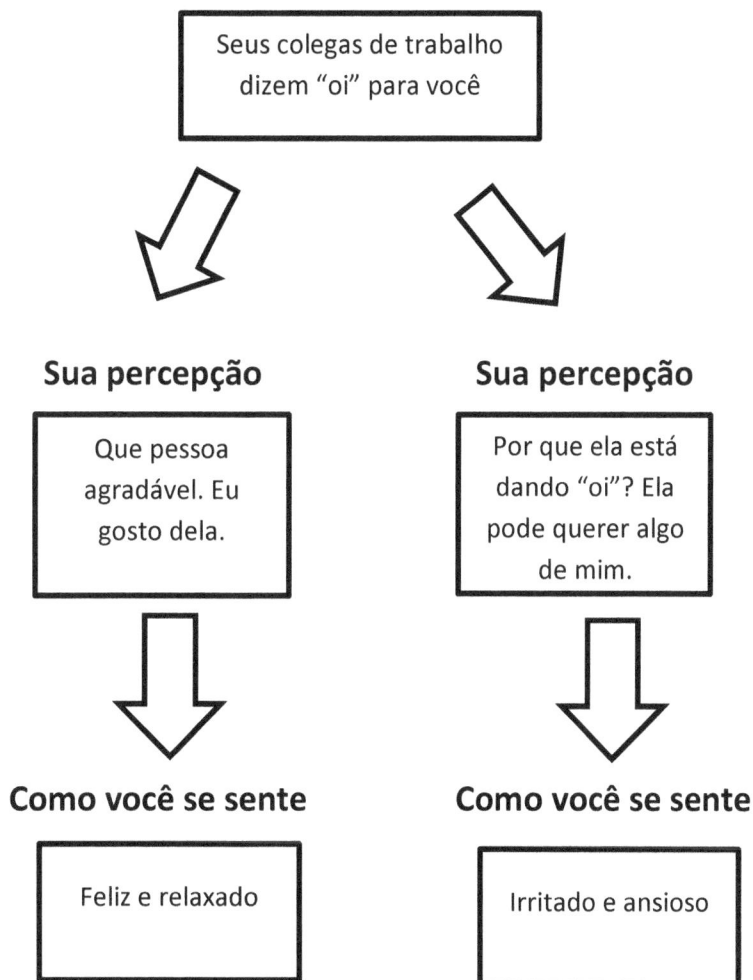

Em muitos casos, você pode nem estar ciente de que é um pensador negativo. Isto pode ser verdade se você cresceu em torno de outras pessoas que se queixam, culpam os outros ou são simplesmente negativas. Parte disso pode ser genética, mas muito disso também pode ser devido a influências ambientais e sociais.

Aqui estão alguns cenários para reconhecer se seus pensamentos são negativos:

• Seu chefe diz que ele quer falar com você em seu escritório. Você assume automaticamente que está com problemas;

• Quando o seu colega de trabalho lhe dá um feedback positivo e honesto, você não acredita realmente nele e acha que está apenas tentando puxar seu saco;

• Quando sua equipe vence em um jogo de futebol, você acha que não tem nada a ver com o sucesso da equipe;

 • Seu amigo não enviou um texto para você em sete dias. Você acredita que deve ter dito algo errado e ela está com raiva de você.

Se você se encaixa em uma ou em muitas dessas situações, é muito provável que seus pensamentos negativos estejam contribuindo para seu sentimento de ansiedade e resultados negativos na vida.

Então, o que você pode fazer para começar a pensar positivamente?

Preste atenção ao que você diz a si mesmo –

Primeiro, comece a prestar atenção em seus pensamentos, que são as palavras que você diz para si mesmo em sua mente. Determine se você está tendo um pensamento positivo ou negativo. Você pode perceber que sua ansiedade aumenta à medida que você enfrenta pensamentos negativos.

Identifique as partes do seu dia que causam pensamentos negativos e ansiedade

Sente e pense num dia típico. Descubra quais partes do seu dia resultam em pensamentos negativos e ansiedade. Talvez, você comece a pensar negativamente assim ao acordar, já que está com medo de ir trabalhar. Pergunte a si mesmo porque você tem medo de ir trabalhar. É por causa de pessoas específicas que você tem que lidar ou é o medo de não saber como o dia vai se desdobrar? Ou talvez esteja temendo ter que ficar do lado de fora no ponto de ônibus em condições frias e tempestuosas?

Este é um exercício importante para entender seus pensamentos. Você pode até mesmo querer levar um diário consigo durante o dia para anotar seus pensamentos e experiências, e depois passar um tempo sozinho, analisando-os e comparando-os com pensamentos normais.

Detenha pensamentos negativos

Uma vez que você comece a reconhecer os pensamentos negativos que ainda se infiltram em sua mente enquanto faz suas atividades diárias, você pode detê-los. Pode ser útil dizer "não" em voz alta. Por que não apenas dizer "não" em sua cabeça? Porque dizê-lo em voz alta traz te deixa mais consciente, tornando mais fácil para você acompanhar quantas vezes você está pensando e falando para si mesmo negativamente.

Sair com pessoas positivas –

Sua mãe estava certa. As pessoas com quem você sai podem influenciá-lo negativamente ou positivamente. Portanto, escolha estar perto de pessoas positivas, que podem fazer você rir e ver o humor em situações.

Esteja atento às palavras que você usa –

Mais uma vez, você pode se lembrar de sua mãe lhe dizendo que "ódio" é uma palavra forte e observar o que você diz. Isto é tão verdade. Considere e contraste as palavras "odiar" e "não gostar". Agora, use-as em uma frase. "Eu odeio o meu trabalho." "Eu não gosto do meu trabalho." A primeira frase é mais forte, e tende a ser associada a emoções mais fortes, que podem alimentar mais pensamentos e sentimentos negativos.

Prepare declarações positivas antes do tempo

Quando você começar a perceber que está pensando negativamente sobre uma situação ou precisa mudar a direção de seus pensamentos, esteja preparado com palavras que possam ajudá-lo. Você pode ouvir essas declarações positivas também referidas como afirmações positivas.

Exemplos de afirmações positivas que você pode querer repetir para si mesmo incluem: "Eu posso lidar com isso" ou "Eu sou um bom empregado". É claro que você vai querer modificar as declarações para refletir sua situação.

Você pode até querer imprimir estas declarações positivas e guardá-las em sua bolsa ou carteira para que elas estejam disponíveis assim que você precisar delas.

Aqui estão dois pensamentos para fixar em você:

Um homem é apenas o produto de seus pensamentos. O que ele pensa, ele se torna. - Mahatma Gandhi, líder indiano

 O pensamento positivo permitirá que você faça tudo melhor do que o pensamento negativo. - Zig Ziglar, guru do desenvolvimento pessoal.

Conclusão

Existem vários extremos de ansiedade - da ansiedade cotidiana aos transtornos de ansiedade diagnosticados clinicamente. No entanto, não importa o nível de ansiedade com o qual você esteja lidando, existem várias maneiras de lidar com isso, de modo que ela não assuma sua vida.

Com tempo, paciência e prática, você pode aprender a controlar melhor sua ansiedade para poder encontrar paz e harmonia em sua vida e permitir que essas mudanças positivas floresçam. **Afinal, você merece!**

www.ingramcontent.com/pod-product-compliance
Lightning Source LLC
Chambersburg PA
CBHW080859090426

42738CB00015B/3198